lanchinhos
e petiscos

mini cozinha

Neste livro você vai encontrar muitas delícias para saborear quando bate aquela fome fora de hora: sanduíches dos mais variados tipos, tortas *econômicas* e ideias bem diferentes, como a Caixa de pão de fôrma e os Lanchinhos assados (*passo a passo*). E, para petiscar, temos receitas tradicionais, como o Mix de castanhas e as Iscas de peixe, e também novidades, como o irresistível Escondidinho na bandeja (capa), além de bolinhos, trouxinhas, patês, canapés e muitos outros tira-gostos. Na *opção saúde*, Empadinhas de tofu com ervas e o Wrap, o prático sanduíche enrolado.

Nessas seções você vai encontrar:

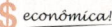
econômica!
só receitas que levam poucos ingredientes

passo a passo!
preparo básico mostrado em fotos

opção saúde!
para quem quer boa forma e bem-estar

sumário

$ *econômica!*   ♥ *opção saúde!*   👍 *passo a passo!*   ✱ *receita da capa!*

- sanduíche de assadeira — 3
- iscas de peixe crocantes — 4
- bolinhos de salame — 5
- torradinhas com alecrim — 5
- ♥ sanduíche sol nascente — 6
- sanduíche de cenoura — 6
- $ palitos de cebola — 6
- estufado da bisa — 7
- ✱👍 lanchinhos assados — 8
- canapés de bacalhau cremoso — 10
- tortinhas de aveia — 10
- lanche de forno em camadas — 11
- bolinhos de mortadela — 12
- ♥ wrap light — 13
- frango na bisnaguinha — 13
- $ bolinhos de mandioca com carne moída — 14
- croquetes assados de legumes — 14
- ✱ escondidinho na bandeja — 15
- canapés de alho-poró — 16
- mix de castanhas — 16
- ♥ empadinhas de tofu com ervas — 17
- 👍 fogazza de queijo e brócolis — 18
- patê de berinjela à moda árabe — 20
- patê de azeitona preta — 21
- patê de pimentão vermelho — 21
- patê de alho — 21
- rolinhos crocantes — 22
- bolo rápido de linguiça — 22
- $ tira-gosto de mandioquinha — 23
- pinhão ao vinagrete — 24
- ♥ roll-sanduíche de atum — 24
- caixa de pão de fôrma — 25
- 👍 trouxinhas assadas de massa de pastel — 26
- $ bolinhos de batata e parmesão — 28
- aperitivo de frango agridoce — 28
- sanduíche alemão — 29
- sanduichão gelado de atum — 30
- salgadinhos de parmesão — 30
- pãezinhos de torresmo — 30
- carolinas recheadas — 32

mini *cozinha*

Fotografias: Marcos Gomes (páginas 4 e 22); capa e demais páginas Marcelo de Breyne (produção: Cecilia Salomão e Denise Costa)
Nossos agradecimentos a Baccos, Pepper, Roupa de Mesa, Stella Ferraz Cerâmicas, Suxxar, Tuttile
Design gráfico e editoração eletrônica: Erika Kamogawa
Consultoria e apoio nutricional: Rosely Lima
Produção editorial: Clim Editorial

©2010 Editora Melhoramentos Ltda.

ISBN 978-85-06-05952-4

Atendimento ao consumidor:
Caixa Postal 11541 • CEP: 05049-970
São Paulo • SP • Brasil
Tel.: (11) 3874-0880
www.editoramelhoramentos.com.br
sac@melhoramentos.com.br
Impresso no Brasil

sanduíche de assadeira

388 calorias por porção

INGREDIENTES

MASSA
- 2 tabletes de fermento biológico (30 g)
- 1 xícara (chá) de leite morno
- 3 ovos
- 1/2 xícara (chá) de margarina
- 1 colher (sopa) de açúcar
- 4 batatas cozidas e espremidas
- Sal
- Cerca de 6 xícaras (chá) de farinha de trigo
- 1 gema para pincelar

RECHEIO
- 250 g de mussarela
- 250 g de lombinho canadense
- 100 g de cogumelo fatiado
- 6 tomates grandes, cortados em rodelas
- 1 cebola grande, cortada em rodelas
- 5 colheres (sopa) de azeitona verde picada
- Orégano
- 2 colheres (sopa) de margarina

MODO DE PREPARO

No liquidificador, bata o fermento, o leite, os ovos, a margarina e o açúcar. Despeje em uma tigela, junte a batata espremida e tempere com sal. Adicione a farinha aos poucos e sove até obter uma massa lisa e homogênea, que não grude nas mãos. Cubra e deixe crescer até dobrar de volume. Divida a massa em duas, abra uma parte sobre uma superfície enfarinhada e forre uma assadeira. Coloque o recheio, distribuindo a mussarela, o lombinho, o cogumelo, o tomate, a cebola e a azeitona. Polvilhe o orégano e espalhe por cima pedacinhos de margarina. Abra a outra parte da massa e cubra o recheio. Pincele a gema, deixe crescer novamente até quase dobrar de volume e leve ao forno médio (180°C), preaquecido, para assar até dourar a superfície.

 dificuldade: MÉDIA

 tempo de preparo: 1h + tempo de descanso da massa

 rendimento: 12 porções

Atenção!
A quantidade de farinha varia de acordo com o tamanho dos ovos e do tipo de batata.

iscas de peixe crocantes

364 calorias por porção

INGREDIENTES
- 1/2 kg de tilápia saint peter cortada em tiras de 1,5 cm de largura, no sentido do comprimento do filé
- Suco de 1/2 limão
- 2 dentes de alho amassados
- Sal e pimenta-do-reino
- 1 caixa pequena (200 g) de flocos de milho sem açúcar (corn flakes)
- 1 1/2 xícara (chá) de farinha de trigo
- 3 ovos batidos
- Óleo para fritar

MOLHO DE PÁPRICA
- 2 colheres (sopa) de óleo
- 1/2 cebola ralada
- 1/2 tablete de caldo de camarão
- 1/2 xícara (chá) de água fervente
- 1 colher (sopa) rasa de páprica
- 1/2 xícara (chá) de creme de leite

MODO DE PREPARO

Tempere o peixe com o suco de limão, o alho, sal e pimenta a gosto e deixe por cerca de 1 hora na geladeira. Enquanto isso, coloque os flocos de milho dentro de um saquinho plástico e amarre a boca do saco, retirando o ar do interior. Com um rolo, pressione de leve o cereal para que ele fique quebrado em pedaços menores, mas não deixe virar uma farinha. Reserve. Passe as tirinhas de peixe na farinha de trigo. Em seguida, passe-as nos ovos batidos e nos flocos de milho. Frite em óleo quente e coloque para escorrer sobre papel absorvente.

MOLHO DE PÁPRICA: Em uma panela pequena, aqueça o óleo e frite a cebola. Dissolva o tablete de caldo na água fervente, misture a páprica e despeje na panela. Espere ferver, desligue o fogo e junte o creme de leite. Acerte o sal e sirva com o peixe crocante.

> *Sugestão!*
> Acompanhe com cebolinha picada e shoyu (molho de soja).

 dificuldade: FÁCIL

 tempo de preparo: 1h30

 rendimento: 8 porções

bolinhos de salame

93 calorias por unidade

INGREDIENTES
- 2 xícaras (chá) de água
- 2 xícaras (chá) de farinha de trigo
- 1/2 xícara (chá) de óleo
- 4 colheres (sopa) de queijo parmesão ralado
- 1 tablete de caldo de galinha
- Sal
- 200 g de salame fatiado
- Óleo para fritar
- 2 ovos
- 2 colheres (sopa) de água
- 2 xícaras (chá) de farinha de rosca
- 1 xícara (chá) de queijo ralado

MODO DE PREPARO
Em uma panela, leve ao fogo a água, a farinha, o óleo e o queijo ralado. Quando estiver quente, junte o tablete de caldo esfarelado e salgue a gosto. Deixe cozinhar, mexendo sempre, até que a massa desgrude do fundo da panela. Espere esfriar e, com a mão enfarinhada, abra pequenas porções da massa. Dobre as fatias de salame e coloque uma no centro de cada massa. Enrole formando um bolinho. Bata os ovos com a água em uma tigela e reserve. Em um prato fundo, misture a farinha de rosca com o queijo ralado. Passe os bolinhos na mistura de ovo e depois na mistura de farinha de rosca. Frite em óleo bem quente e sirva.

 dificuldade: FÁCIL

 tempo de preparo: 1h

 rendimento: 50 unidades

torradinhas com alecrim

36 calorias por unidade

INGREDIENTES
- 1 pacote de pão sírio (com 6)
- 1/2 xícara (chá) de azeite de oliva
- 2 colheres (sopa) de alecrim seco

MODO DE PREPARO
Abra os pães sírios ao meio e corte cada parte em quatro. Distribua o pão em uma assadeira e regue com o azeite. Polvilhe o alecrim e leve ao forno médio (180°C), preaquecido, para ficar crocante e dourado.

 dificuldade: FÁCIL

 tempo de preparo: 20 min

 rendimento: 48 unidades

Variação!
Substitua o alecrim por orégano ou outras ervas.

Atenção!
Cuidado: não deixe o pão tostar demais.

sanduíche sol nascente *opção saúde!*

200 calorias por porção

 dificuldade: MÉDIA

 tempo de preparo: 10 min

 rendimento: 1 porção

INGREDIENTES
- 2 colheres (sopa) de queijo cottage
- 1 colher (sopa) de iogurte natural desnatado
- 2 fatias de pão de fôrma integral de centeio
- 2 kanis fatiados
- 1 colher (sopa) de picles fatiados
- 1 galho de agrião

MODO DE PREPARO
Misture o queijo cottage com o iogurte. Espalhe o creme nas duas fatias de pão. Coloque os kanis e os picles sobre uma das fatias de pão, cubra com a outra fatia e, depois de fechado, decore com o agrião.

sanduíche de cenoura

285 calorias por porção

INGREDIENTES
- 3 cenouras grandes picadas
- 1 vidro pequeno (250 g) de maionese
- 3 colheres (sopa) de salsa picada
- 1 pão de fôrma sem casca
- 1 pacote de batata palha

MODO DE PREPARO
Cozinhe a cenoura no vapor até que fique bem macia. Bata no liquidificador a cenoura cozida com a maionese até ficar homogêneo. Misture a salsa com uma colher. Espalhe a maionese de cenoura nas fatias de pão, junte-as duas a duas e leve à geladeira.

Na hora de servir, coloque um sanduíche em cada pratinho e distribua ao lado a batata palha.

 dificuldade: FÁCIL

 tempo de preparo: 30 min

 rendimento: 10 porções

palitos de cebola

16 calorias por unidade

INGREDIENTES
- 2 xícaras (chá) de farinha de trigo
- 1/2 xícara (chá) de margarina
- 1 colher (sopa) de fermento em pó
- 1 envelope de sopa de cebola
- 1/2 xícara (chá) de leite

MODO DE PREPARO

Unte uma assadeira, polvilhe com farinha e reserve. Numa tigela, misture os ingredientes, menos o leite. Junte o leite aos poucos, amassando bem até a massa ficar homogênea. Abra com o rolo sobre uma superfície enfarinhada até ficar com 1 cm de espessura. Corte em tiras de 1 cm x 10 cm, arrume na assadeira preparada e asse em forno médio (180°C), preaquecido, por cerca de 20 minutos ou até começar a dourar.

 dificuldade: FÁCIL

 tempo de preparo: 30 min + 30 min de forno

 rendimento: 100 unidades

estufado da bisa

257 calorias por porção

INGREDIENTES

MASSA
- 3 1/2 tabletes (50 g) de fermento biológico fresco
- 1 colher (sobremesa) de açúcar
- 1 1/4 xícara (chá) de leite morno
- 2 gemas
- 1 colher (sobremesa) de sal
- 1 colher (sopa) de margarina
- 1 colher (sopa) de óleo
- 4 xícaras (chá) de farinha de trigo
- 1 ovo batido

RECHEIO
- 300 g de presunto cortado em fatias
- 300 g de mussarela ralada
- 4 tomates, cortados em rodelas e temperados com orégano

MODO DE PREPARO

MASSA: Desmanche o fermento com o açúcar e acrescente o leite, as gemas, o sal, a margarina e o óleo, misturando bem. Depois, acrescente farinha aos poucos e misturando sempre até obter uma massa macia que não grude nas mãos. Cubra e deixe crescer até quase dobrar de volume. Divida a massa em duas partes e abra-as em forma de retângulo.

RECHEIO: Distribua metade do recheio sobre cada massa e enrole-as como rocamboles. Coloque os pães em assadeiras untadas e enfarinhadas e faça 2 ou 3 cortes em cada um. Cubra-os e deixe crescer novamente até quase dobrar de volume. Leve ao forno quente (200°C), preaquecido, por cerca de 50 minutos. Pincele-os com o ovo batido e retorne ao forno para dourar.

 dificuldade: MÉDIA

 tempo de preparo: 1h40

 rendimento: 2 pães (16 porções)

lanchinhos assados

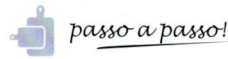 *passo a passo!*  *receita da 4ª capa!*

370 calorias por unidade

INGREDIENTES
MASSA
· 2 tabletes de fermento biológico fresco (30 g)
· 1 colher (sopa) de açúcar
· 1 1/2 xícara (chá) de leite
· 4 xícaras (chá) de farinha de trigo
· 1 tablete (100 g) de margarina
· 2 ovos
· 1 1/2 xícara (chá) de amido de milho
· 2 colheres (chá) de sal

RECHEIO
· 3 colheres (sopa) de manjericão picado
· 200 g de queijo provolone ralado grosso
· 200 g de presunto picado grosso
· 16 ovos de codorna cozidos e descascados

COBERTURA
· 1 lata de molho de tomate
· 200 g de mussarela ralada grosso

MODO DE PREPARO

1 MASSA: Em uma tigela grande, esfarele os tabletes de fermento, junte o açúcar e mexa até ficar líquido.

2 Adicione 1 xícara (chá) de leite morno e 1/2 xícara (chá) da farinha. Misture, cubra e deixe crescer por 15 minutos.

3 Acrescente a margarina, os ovos, o leite restante, o amido de milho e o sal. Mexa com uma colher e adicione, aos poucos, o restante da farinha.

4 Amasse até soltar das mãos. Coloque sobre uma superfície enfarinhada e sove bem. Cubra e deixe crescer por 1 hora ou até dobrar de volume.

5 RECHEIO: Em uma tigela, misture o manjericão, o provolone e o presunto. Reserve.

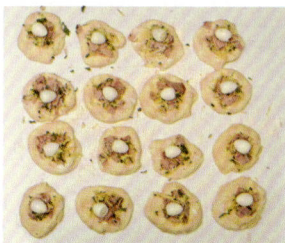

6 MONTAGEM: Unte uma assadeira grande. Divida a massa em 16 porções. Abra-as, coloque um pouco de recheio no centro e 1 ovinho de codorna.

7 Enrole a massa formando bolas. Arrume-as na assadeira, uma ao lado da outra, sem apertá-las. Cubra e deixe crescer por 30 minutos ou até dobrar de volume. Asse em forno médio (180°C), preaquecido, até dourar.

8 COBERTURA: Retire do forno, cubra com o molho de tomate e polvilhe a mussarela. Leve novamente ao forno por mais 10 minutos ou até o queijo derreter.

 dificuldade: MÉDIA

 tempo de preparo:
1h + tempo de descanso da massa

 rendimento: 16 porções

canapés de bacalhau cremoso

80 calorias por unidade

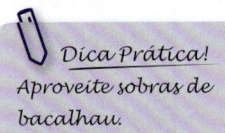

Dica Prática!
Aproveite sobras de bacalhau.

INGREDIENTES
· 2 xícaras (chá) de bacalhau limpo e dessalgado (200 g)
· 1 xícara (chá) de leite
· 1/2 xícara (chá) de creme de leite
· 2 dentes de alho
· 1/2 xícara (chá) de azeite de oliva
· Sal e pimenta-do-reino
· 1 colher (chá) de óleo
· 1 cebola cortada em rodelas finas
· 1 pacote de torradinhas para canapé

MODO DE PREPARO
Em um processador, bata o bacalhau, o leite, o creme de leite e o alho até obter uma pasta. Acrescente o azeite, aos poucos, sempre batendo. Tempere com sal e pimenta e reserve. Em uma frigideira, aqueça o óleo e refogue a cebola até começar a dourar. Coloque sobre as torradas uma porção generosa da pasta de bacalhau e, por cima, a cebola. Sirva em seguida.

 dificuldade: FÁCIL

 tempo de preparo: 30 min + tempo de demolha

 rendimento: 30 unidades

tortinhas de aveia

214 calorias por porção

 dificuldade: FÁCIL

 tempo de preparo: 1h

 rendimento: 8 porções

INGREDIENTES
MASSA
· 1 xícara (chá) de flocos de aveia
· 4 colheres (sopa) de margarina
· 2 colheres (sopa) de leite
· 1/2 colher (chá) de sal

RECHEIO
· 1/2 xícara (chá) de azeitona picada
· 1/2 xícara (chá) de palmito picado
· 1 xícara (chá) de mussarela ralada
· 1/2 xícara (chá) de presunto cortado em cubinhos
· 3 colheres (sopa) de requeijão
· 3 tomates, sem pele nem sementes, picados
· Orégano
· Queijo parmesão ralado para polvilhar

MODO DE PREPARO
MASSA: Misture todos os ingredientes da massa em uma tigela e amasse bem com os dedos até que fique homogênea. Forre com a massa 8 forminhas de 6 cm de diâmetro e leve ao forno médio (180°C), preaquecido,

até dourar ligeiramente. Retire do forno e deixe esfriar.
RECHEIO: Em uma tigela, misture os ingredientes do recheio, com exceção do queijo parmesão. Recheie as tortinhas e polvilhe com o parmesão. Leve ao forno por 15 minutos ou até o queijo derreter.

lanche de forno em camadas

245 calorias por porção

INGREDIENTES
- 150 g de peito de peru defumado picado
- 1 xícara (chá) de requeijão
- 3 colheres (sopa) de leite
- 1 lata de milho verde
- 1 xícara (chá) de queijo cottage
- 3/4 xícara (chá) de azeitonas verdes, sem caroço
- 1 xícara (chá) de maionese
- 2 pacotes de pão de fôrma integral
- Margarina para untar
- 200 g de mussarela em fatias
- Orégano

MODO DE PREPARO
Em um processador, bata o peito de peru com o requeijão e o leite e reserve. Lave o processador e bata o milho verde com o queijo cottage. Mais uma vez limpe o processador e bata as azeitonas verdes com a maionese. Reserve os 3 patês. Com uma faca, corte a casca das fatias de pão integral. Unte uma fôrma refratária com margarina. Disponha fatias de pão, cobrindo o fundo da fôrma. Espalhe a pasta de peito de peru, cubra com mais uma camada de pão e aplique uma camada da pasta de milho. Coloque por cima outra camada de pão e distribua a pasta de azeitona. Cubra com outra camada de pão. Arrume por cima as fatias de mussarela e polvilhe orégano a gosto. Leve ao forno médio (180°C), preaquecido, por cerca de 20 minutos ou até o queijo derreter e o pão ficar ligeiramente dourado.

 dificuldade: FÁCIL

 tempo de preparo: 50 min

 rendimento: 14 porções

bolinhos de mortadela

210 calorias por unidade

MODO DE PREPARO
Em uma tigela, junte a batata amassada, a mostarda, a cebolinha, as raspas e o suco do limão e a salsa. Adicione a mortadela picada e misture. Tempere com sal e pimenta a gosto. Divida a mistura em 10 porções iguais e molde-as em bolinhos achatados. Coloque a farinha de trigo em um prato, o ovo em outro prato e a farinha de rosca em um terceiro. Passe cada bolinho pela farinha de trigo, depois pelo ovo e por último na farinha de rosca. Espalhe gergelim na superfície (não muito) apertando delicadamente para firmá-lo. Frite os bolinhos em óleo quente, poucos por vez, virando para que dourem por igual. Escorra em papel absorvente e sirva.

INGREDIENTES
- 3/4 xícara (chá) de batata cozida e amassada
- 1/2 colher (chá) de mostarda
- 3 cebolinhas picadas
- Raspas da casca e suco de 1/2 limão
- 3 colheres (sopa) de salsa picada
- 300 g de mortadela picada
- Sal e pimenta-do-reino
- 1/3 xícara (chá) de farinha de trigo
- 1 ovo batido
- 1 xícara (chá) de farinha de rosca
- Sementes de gergelim torradas
- Óleo para fritar

 dificuldade: FÁCIL

 tempo de preparo: 40 min

 rendimento: 10 unidades

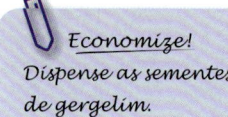

Economize! Dispense as sementes de gergelim.

wrap light

opção saúde!

195 calorias por porção

INGREDIENTES
- 1/2 xícara (chá) de requeijão light
- 1 colher (sopa) de mostarda
- 1 colher (chá) de mel
- Sal
- 4 pães sírios grandes
- 16 fatias de peito de peru light
- 2 tomates cortados em fatias finas
- 2 xícaras (chá) de folhas de agrião
- 2 colheres (sopa) de azeite de oliva
- 16 azeitonas verdes recheadas

MODO DE PREPARO
Em uma tigela pequena, misture o requeijão, a mostarda, o mel e sal a gosto e reserve. Destaque as duas folhas que formam cada pão sírio, formando 8 folhas de pão. Passe em cada uma delas, no lado mais rugoso, uma camada da mistura de requeijão. Por cima de cada folha, coloque 2 fatias de peito de peru, fatias de tomate e folhas de agrião. Regue com um fio de azeite e enrole cada folha de pão, como se fosse um rocambole. Mantenha a emenda do pão voltada para baixo. Corte os wraps ao meio e decore espetando um palito de dente com uma azeitona em cada rolinho.

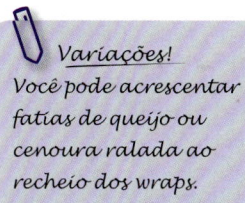

Variações!
Você pode acrescentar fatias de queijo ou cenoura ralada ao recheio dos wraps.

 dificuldade: FÁCIL

 tempo de preparo: 25 min

 rendimento: 8 porções

frango na bisnaguinha

122 calorias por porção

INGREDIENTES
- 1 1/2 xícara (chá) de peito de frango cozido e desfiado
- 1 xícara (chá) de abacaxi em calda, escorrido e picado
- 1 xícara (chá) de castanha de caju moída (xerém)
- Sal
- 1 pacote (300 g) de bisnaguinhas

MODO DE PREPARO
Amasse bem com um garfo o frango junto com o abacaxi até obter uma pasta. Misture a castanha de caju moída. Tempere com sal a gosto. Recheie as bisnaguinhas e sirva.

 dificuldade: FÁCIL

 tempo de preparo: 20 min

 rendimento: 18 porções

bolinhos de mandioca com carne moída

 *econômica!*

82 calorias por unidade

INGREDIENTES
- 1 colher (sopa) de óleo
- 1 cebola grande picada
- 2 dentes de alho amassados
- 300 g de carne moída
- Sal e pimenta-do-reino
- 1 kg de mandioca cozida e espremida
- 2 ovos
- 1/2 xícara (chá) de farinha de trigo
- 1/2 xícara (chá) de cheiro-verde picado
- Óleo para fritar

MODO DE PREPARO
Aqueça o óleo e frite a cebola e o alho. Junte a carne moída e refogue até que fique dourada. Tempere com sal e pimenta a gosto. Em uma tigela, misture a mandioca espremida, os ovos, a farinha, o cheiro-verde e a carne moída refogada. Amasse bem, corrija o sal e molde bolinhas pequenas. Frite em óleo quente e coloque para escorrer sobre papel absorvente.

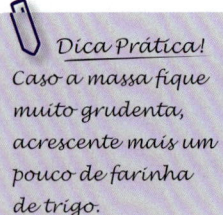

Dica Prática! Caso a massa fique muito grudenta, acrescente mais um pouco de farinha de trigo.

 dificuldade: FÁCIL

 tempo de preparo: 35 min

 rendimento: 40 unidades

croquetes assados de legumes

30 calorias por unidade

 dificuldade: FÁCIL

 tempo de preparo: 50 min

 rendimento: 35 unidades

INGREDIENTES
- 1 batata grande
- 1 mandioquinha grande
- 1 cenoura grande
- 1 xícara (chá) de espinafre cozido e espremido
- 1 dente de alho
- 1 ovo
- 2 colheres (sopa) de farinha de trigo
- 2 colheres (sopa) de queijo parmesão ralado
- Sal e pimenta-do-reino
- Farinha de rosca para empanar
- Margarina para untar

MODO DE PREPARO
Cozinhe a batata, a mandioquinha e a cenoura em água quente ou no vapor, até ficarem macias. Escorra e passe pelo espremedor. Bata no processador o espinafre com o alho. Junte os legumes espremidos e mexa bem. Adicione o ovo, a farinha e o parmesão e misture. Tempere

com sal e pimenta a gosto. A massa deve ficar em ponto de enrolar. Se ficar muito mole, coloque mais um pouco de farinha de trigo. Molde croquetes pequenos e passe em farinha de rosca. Arrume os croquetes em uma assadeira untada com margarina e leve ao forno médio (180°C) para assar por cerca de 20 minutos ou até dourar.

escondidinho na bandeja

receita da capa!

134 calorias por unidade

INGREDIENTES
MASSA
- 3 gemas
- 2 xícaras (chá) de leite
- 2 1/2 xícaras (chá) de abóbora cabotchã, cozida e amassada
- 3 xícaras (chá) de farinha de trigo
- 2 colheres (sopa) de margarina
- 1 tablete de caldo de carne esfarelado
- 1 colher (chá) de sal

RECHEIO
- 2 colheres (sopa) de azeite de oliva
- 400 g de carne-seca dessalgada, aferventada e desfiada
- 1 cebola picada
- 1/3 xícara (chá) de cebolinha picada

PARA EMPANAR
- 2 ovos batidos
- 1 1/2 xícara (chá) de farinha de rosca
- Óleo para fritar

MODO DE PREPARO

MASSA: Bata todos os ingredientes no liquidificador. Passe para uma panela e leve ao fogo médio, mexendo até desgrudar do fundo da panela. Retire do fogo e deixe esfriar.
RECHEIO: Aqueça o azeite e refogue a carne-seca com a cebola e a cebolinha por cerca de 10 minutos. Retire do fogo e espere amornar. Pegue pequenas porções da massa, recheie com um pouco de carne-seca e modele bolinhas. Passe no ovo batido e na farinha de rosca. Frite em óleo quente e coloque para escorrer sobre papel absorvente. Sirva quente.

 dificuldade: FÁCIL

 tempo de preparo: 50 min + tempo de esfriar

 rendimento: 45 unidades

canapés de alho-poró

42 calorias por unidade

INGREDIENTES
- 3 colheres (sopa) de azeite de oliva
- 2 alhos-porós cortados em fatias finas
- 2 batatas médias picadas e cozidas
- 2 colheres (sopa) de requeijão
- 2 colheres (sopa) de amêndoas salgadas picadas
- Sal
- 1 pacote de torradinhas para canapé

MODO DE PREPARO
Em uma panela, aqueça o azeite e refogue o alho-poró até que fique macio. Bata no processador metade do refogado de alho-poró, as batatas cozidas e o requeijão. Com uma colher, misture as amêndoas. Tempere com sal a gosto. Passe uma camada da pasta nas torradinhas e distribua por cima o restante do alho-poró refogado.

Variação! Substitua o requeijão por queijo cottage ou ricota.

 dificuldade: FÁCIL

 tempo de preparo: 40 min

 rendimento: 30 unidades

mix de castanhas

163 calorias por porção

INGREDIENTES
- 1/4 xícara (chá) de manteiga com sal
- 1 colher (sopa) de alho em pó
- 1 colher (sopa) de mostarda em pó
- 1/2 colher (sopa) de páprica
- 1 colher (sopa) de molho de pimenta
- 1/2 xícara (chá) de amendoim grande sem casca
- 1/2 xícara (chá) de amêndoas
- 1/2 xícara (chá) de castanha de caju
- 1/2 xícara (chá) de pistache
- 1/2 xícara (chá) de nozes-pecãs
- 1/2 xícara (chá) de avelãs
- Sal

MODO DE PREPARO
Em uma frigideira de bordas altas, derreta a manteiga. Acrescente o alho, a mostarda, a páprica e o molho de pimenta. Junte os demais ingredientes e mexa bem para que todas as castanhas fiquem envoltas pela manteiga temperada. Tempere com sal a gosto. Coloque as castanhas temperadas em uma fôrma forrada com papel-manteiga e leve ao forno até ficarem douradas.

 dificuldade: FÁCIL

 tempo de preparo: 25 min

 rendimento: 16 porções

empadinhas de tofu com ervas

 *opção saúde!*

54 calorias por unidade

INGREDIENTES
MASSA
- 1 xícara (chá) de farinha de trigo
- 1 xícara (chá) de farinha de trigo integral
- 1/2 xícara (chá) de leite
- 3 ovos
- 3/4 xícara (chá) de óleo de canola
- 1 colher (sobremesa) de sal
- 1 colher (sopa) de fermento em pó

RECHEIO
- 250 g de tofu firme cortado em cubos
- 1 colher (sopa) de manjericão picado
- 1/2 colher (sopa) de páprica
- 1/4 xícara (chá) de cebolinha picada
- 1/2 colher (chá) de sal
- 1 colher (sopa) de gergelim

MODO DE PREPARO
Bata bem no liquidificador todos os ingredientes da massa. Numa tigelinha, misture levemente os ingredientes do recheio. Despeje metade da massa em forminhas de empada untadas, coloque o recheio e cubra com o restante da massa. Leve ao forno médio (180°C), preaquecido, por 25 minutos ou até dourar. Espere amornar, desenforme e sirva.

 dificuldade: FÁCIL

 tempo de preparo: 25 min + 25 min de forno

 rendimento: 50 unidades

fogazza de queijo e brócolis

passo a passo!

198 calorias por unidade

INGREDIENTES

MASSA
- 3 batatas cozidas e amassadas
- 1/2 xícara (chá) de água
- 8 xícaras (chá) de farinha de trigo
- 1 tablete (15 g) de fermento biológico fresco
- 1/2 xícara (chá) de óleo
- Óleo para fritar

RECHEIO
- 400 g de mussarela cortada em cubinhos
- 3 tomates, sem sementes, cortados em cubinhos
- 2 xícaras (chá) de brócolis cozido e bem picado
- 2 colheres (sopa) de azeite de oliva
- Sal
- Orégano

 dificuldade: MÉDIA

 tempo de preparo: 1h

 rendimento: 35 unidades

MODO DE PREPARO

1 MASSA: Em uma tigela, coloque a batata amassada, junte a água, metade da farinha, o fermento e o óleo e misture bem com as mãos.

2 Aos poucos, vá juntando o restante da farinha, sovando bem até que a massa fique lisa. Embrulhe a massa em um pano e deixe descansar por 40 minutos.

3 RECHEIO: Misture numa tigela a mussarela, o tomate, o brócolis e o azeite. Tempere com sal e orégano a gosto.

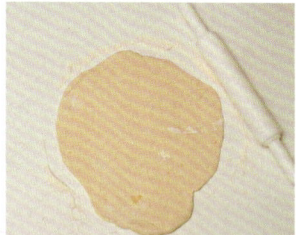

4 Divida a massa em partes e abra com o rolo sobre uma superfície enfarinhada, deixando com cerca de 0,5 cm de espessura.

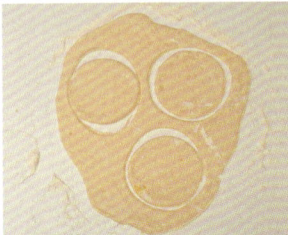  

5 Com um cortador de 10 cm de diâmetro, corte discos de massa. Vá juntando as sobras da massa, abrindo e cortando novamente.

6 Disponha porções do recheio no centro do disco, deixando 1 cm livre nas bordas. Dobre o disco ao meio e feche, apertando bem as bordas com um garfo para não abrir ao fritar.

7 Em uma panela funda, aqueça bastante óleo. Frite as fogazzas até ficarem levemente douradas, retire com uma escumadeira e coloque sobre papel absorvente. Sirva quente.

patê de berinjela à moda árabe

118 calorias por porção

INGREDIENTES
- 1/4 xícara (chá) de gergelim torrado
- 4 colheres (sopa) de azeite de oliva
- 2 berinjelas médias, cozidas e bem escorridas
- 1/2 cebola
- 2 dentes de alho
- 1 colher (sopa) de pimentão
- Sal e pimenta-do-reino

MODO DE PREPARO
Em um liquidificador ou processador, bata o gergelim. Junte os demais ingredientes e bata até formar uma pasta. Sirva com pão sírio torrado.

 dificuldade: FÁCIL

 tempo de preparo: 20 min

 rendimento: 6 porções

Dica Prática!
Se não encontrar o gergelim torrado é só levar ao forno em uma fôrma até que fique ligeiramente dourado. Não deixe dourar demais para não ficar amargo.

patê de azeitona preta

139 calorias por porção

INGREDIENTES
- 3/4 xícara (chá) de azeitonas pretas
- 1 3/4 xícara (chá) de ricota
- 1 xícara (chá) de creme de leite
- 3 colheres (sopa) de azeite de oliva
- Sal

MODO DE PREPARO
Retire o caroço das azeitonas. Bata no liquidificador as azeitonas, a ricota, o creme de leite, o azeite e sal a gosto. Sirva com torradinhas ou grissinis.

 dificuldade: FÁCIL

 tempo de preparo: 15 min

 rendimento: 8 porções

patê de pimentão vermelho

70 calorias por porção

INGREDIENTES
- 3 pimentões vermelhos
- 1/2 xícara (chá) de maionese
- 1 xícara (chá) de ricota amassada
- 2 colheres (sopa) de ketchup
- Sal
- 1 ramo de manjericão para decorar

MODO DE PREPARO
Passe os pimentões pela chama do fogão até ficarem chamuscados e retire a pele. Pique-os grosseiramente e bata no liquidificador com a maionese, a ricota e o ketchup. Corrija o sal, passe a mistura para uma tigelinha e decore com o manjericão.

 dificuldade: FÁCIL

 tempo de preparo: 20 min

 rendimento: 8 porções

patê de alho

77 calorias por porção

INGREDIENTES
- 1 cebola pequena picada grosso
- 4 dentes de alho amassados
- 1 xícara (chá) de iogurte natural
- 1 xícara (chá) de maionese
- 1 colher (sopa) de mostarda
- Sal e pimenta-do-reino
- Cebolinha picada

MODO DE PREPARO
Passe a cebola por água fervente e escorra bem. Bata-a no liquidificador com o alho, o iogurte, a maionese e a mostarda. Tempere com sal e pimenta a gosto, transfira para a tigelinha de servir e decore com cebolinha.

 dificuldade: FÁCIL

 tempo de preparo: 20 min

 rendimento: 8 porções

rolinhos crocantes

248 calorias por porção

INGREDIENTES
- 15 fatias de presunto (230 g)
- 15 fatias de queijo prato (230 g)
- 1 rolo (1/2 kg) de massa de pastel
- 2 ovos batidos
- 150 g de queijo parmesão ralado
- Óleo para fritar

MODO DE PREPARO
Coloque 1 fatia de presunto sobre 1 fatia de queijo e enrole, formando um rolinho. Abra a massa de pastel, coloque o rolinho e recorte um quadrado de massa, deixando espaço dos lados para fechar as bordas. Enrole a massa recobrindo o recheio. Feche bem as pontas apertando-as com um garfo. Passe no ovo batido e no queijo ralado. Frite em óleo quente, escorra sobre papel absorvente para tirar o excesso de gordura e sirva.

 dificuldade: FÁCIL

 tempo de preparo: 20 min

 rendimento: 15 porções

bolo rápido de linguiça

344 calorias por porção

INGREDIENTES
MASSA
- 2 ovos
- 3 xícaras (chá) de leite
- 1 xícara (chá) de óleo
- 1 pacote (100 g) de queijo parmesão ralado grosso
- 1 cebola picada
- 1 pitada de orégano

Importante!
Os ovos e o leite devem estar à temperatura ambiente.

- 2 colheres (sopa) de salsa picada
- 1 colher (chá) de sal
- 12 colheres (sopa) bem cheias de farinha de trigo
- 2 colheres (sopa) de fermento em pó
- Margarina para untar

RECHEIO
- 6 gomos de linguiça, sem pele e cortados em rodelas
- 3 cebolas cortadas em rodelas

MODO DE PREPARO

RECHEIO: Frite as rodelas de linguiça em sua própria gordura até dourar bem. Escorra o excesso de gordura, deixando apenas 1 colher (sopa). Acrescente a cebola e refogue até dourar. Reserve.

MASSA: Bata no liquidificador todos os ingredientes da massa, pela ordem, acrescentando a farinha às colheradas, sem desligar. Por último, junte o fermento. Unte com margarina uma fôrma de 24 cm de diâmetro com buraco no meio. Despeje metade da massa, distribua o recheio e cubra com a massa restante. Preaqueça o forno a 200°C até que fique bem quente, depois diminua para 180°C, leve o bolo ao forno e asse por 35 minutos ou até dourar.

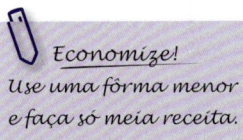

Economize!
Use uma fôrma menor e faça só meia receita.

 dificuldade: FÁCIL

 tempo de preparo: 1h

 rendimento: 14 porções

tira-gosto de mandioquinha $ *econômica!*

52 calorias por unidade

INGREDIENTES
- 6 mandioquinhas médias
- 1 ovo
- 3 colheres (sopa) de queijo parmesão ralado
- 1 colher (sopa) de manteiga
- 1/4 tablete de caldo de carne
- 10 azeitonas picadas
- 3 colheres (sopa) de salsa picada
- 3 colheres (sopa) de farinha de trigo
- Óleo para fritar

MODO DE PREPARO

Lave bem as mandioquinhas, raspe a casca, pique e cozinhe até ficar macia. Escorra bem e amasse com um garfo ou passe pelo espremedor. Junte o ovo, o queijo e a manteiga e misture bem. Dissolva o caldo de carne em 2 colheres (sopa) de água quente e acrescente à mistura. Adicione as azeitonas picadas, a salsa e a farinha e misture bem. Com as mãos untadas com manteiga, modele bolinhos e frite em óleo bem quente. Escorra sobre papel absorvente e sirva.

 dificuldade: FÁCIL

 tempo de preparo: 40 min

 rendimento: 20 unidades

pinhão ao vinagrete

51 calorias por unidade

INGREDIENTES
- 1 1/2 kg de pinhão
- Sal
- 1/2 colher (chá) de orégano
- 1/2 colher (chá) de manjericão seco
- 1 colher (chá) de cebola desidratada
- 1/2 colher (chá) de páprica
- 4 colheres (sopa) de vinagre

MODO DE PREPARO
Faça um cortinho na ponta de cada pinhão. Coloque os pinhões na panela de pressão, cubra com água, tempere com sal e cozinhe por cerca de 45 minutos. Escorra, descasque e coloque os pinhões em uma tigela. Acrescente todos os temperos e mexa bem.

Corrija o sal e, se quiser, regue com um fio de azeite. Sirva com palitos, acompanhando aperitivos.

 dificuldade: FÁCIL

 tempo de preparo: 1h30

 rendimento: 130 unidades

roll-sanduíche de atum  *opção saúde!*

280 calorias por porção

> *Variação!*
> Se não encontrar pão de fôrma 7 grãos, use o integral ou de centeio.

INGREDIENTES
- 4 fatias de pão de fôrma 7 grãos
- 2 colheres (sopa) de leite desnatado
- 3 colheres (sopa) de maionese light
- 3 colheres (sopa) de cream cheese light
- 1 colher (sopa) de mostarda
- 1/2 lata de atum ralado light
- Sal
- 1 pepino japonês em lâminas finas

MODO DE PREPARO
Coloque as fatias de pão sobre uma folha de papel-alumínio, umedeça-as delicadamente com o leite e reserve. Misture a maionese, o cream cheese, a mostarda e o atum e acerte o sal. Espalhe o creme de atum sobre as fatias de pão e arranje por cima as fatias de pepino.

Com o auxílio do papel-alumínio, enrole como um rocambole. Leve à geladeira por 2 horas, no mínimo. No momento de servir, retire o papel-alumínio e corte o sanduíche em rodelas de 3 cm de largura.

 dificuldade: MÉDIA

 tempo de preparo: 10 min + 2h de geladeira

 rendimento: 2 porções

caixa de pão de fôrma

213 calorias por porção

INGREDIENTES
- 1 pão de fôrma inteiro, sem fatiar
- 4 colheres (sopa) de margarina
- 250 g de peito de frango
- 2 xícaras (chá) de água fervente
- 1 tablete de caldo de galinha
- 1 cebola ralada
- 1 xícara (chá) de cenoura ralada
- 1 xícara (chá) de abobrinha ralada
- 1 xícara (chá) de leite
- Sal e pimenta-do-reino
- 3 colheres (sopa) de queijo parmesão ralado

MODO DE PREPARO

Com uma faca bem afiada, retire a tampa e o miolo do pão, deixando o fundo e as laterais. Passe metade da margarina na parte interna do pão e leve ao forno até que fique crocante. Pique o miolo retirado do pão e reserve. Cozinhe o peito de frango na água fervente com o caldo de galinha até ficar macio. Retire da panela e desfie. Reserve 1 xícara (chá) do caldo de cozimento. Em uma panela, derreta o restante da margarina e refogue a cebola, a cenoura e a abobrinha. Junte o frango desfiado e o caldo reservado. Coloque no leite 1 xícara (chá) do miolo de pão e depois junte tudo ao refogado, mexendo até engrossar. Tempere com sal e pimenta. Recheie o pão com esse creme e polvilhe o parmesão por cima. Leve ao forno médio (180°C), preaquecido, por 15 minutos ou até dourar. Recoloque a tampa para servir.

Sugestão!
Sirva colheradas do creme em pratinhos, acompanhado de fatias de pão de fôrma ligeiramente tostadas.

 dificuldade: MÉDIA

 tempo de preparo: 1h20

 rendimento: 12 porções

trouxinhas assadas de massa de pastel

 *passo a passo!*

79 calorias por unidade

INGREDIENTES
- 1 vidro grande de palmito picado fino
- 2 tomates picados fino
- 1 cebola picada fino
- 3 colheres (sopa) de salsa picada
- 1/2 xícara (chá) de catupiri
- Sal
- 1 rolo (1/2 kg) de massa para pastel
- 2 colheres (sopa) de óleo
- 1 gema para pincelar
- 3 colheres (sopa) de queijo parmesão ralado
- Manteiga para untar

Variações!
Substitua o recheio a seu gosto: frango desfiado, carne moída, queijo e presunto são boas opções.

MODO DE PREPARO

1 Numa tigela, misture o palmito, o tomate, a cebola, a salsa e o catupiri e tempere com sal a gosto.

2 Corte a massa em quadrados com cerca de 10 cm de lado.

3 Coloque porções do recheio no centro de cada quadrado e dobre as pontas, puxando-as para o centro.

4 Com os dedos, una as bordas da massa e aperte bem para que a trouxinha fique fechada e não abra ao assar.

  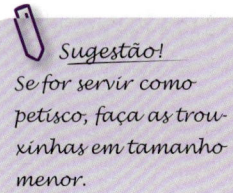

5 Pincele o óleo nas trouxinhas e, por cima, pincele a gema. Polvilhe o queijo ralado.

6 Disponha as trouxinhas em uma fôrma untada e leve ao forno médio (180°C), preaquecido, por 20 minutos ou até ficarem douradas

> *Sugestão!*
> *Se for servir como petisco, faça as trouxinhas em tamanho menor.*

 dificuldade: FÁCIL

 tempo de preparo: 1h

 rendimento: 30 unidades

bolinhos de batata e parmesão $ *econômica!*

155 calorias por unidade

INGREDIENTES
- 2 colheres (sopa) rasas de sal
- 7 batatas farinhosas médias (cerca de 750 g), descascadas e cortadas em cubos
- 1 gema
- 1 pacote (50 g) de queijo parmesão ralado
- Sal e pimenta-do-reino
- 4 colheres (sopa) de farinha de trigo
- Óleo para fritar
- 3 colheres (sopa) de bacon em cubinhos

MODO DE PREPARO
Ferva 3 litros de água com o sal em uma panela grande. Coloque os cubos de batata na água e cozinhe até que fiquem macios. Escorra e passe pelo espremedor ou amasse com um garfo. Acrescente a gema e o queijo, tempere com sal e pimenta e misture bem. Divida a massa em 12 porções e modele os bolinhos. Em uma tigela, tempere a farinha com sal e pimenta e empane os bolinhos. Deixe na geladeira até a hora de fritar.

Em uma panelinha, frite os bolinhos aos poucos, retire com uma escumadeira e coloque sobre papel absorvente. No mesmo óleo, frite o bacon até ficar crocante. Espalhe o bacon sobre os bolinhos e sirva.

 dificuldade: FÁCIL

 tempo de preparo: 40 min

 rendimento: 12 unidades

aperitivo de frango agridoce

640 calorias por porção

INGREDIENTES
FRANGO
- 1/2 kg de peito de frango cortado em cubinhos
- 2 dentes de alho espremidos
- Suco de 1/2 limão
- Sal
- 1 1/4 xícara (chá) de farinha de trigo
- 2 ovos batidos

- 2 xícaras (chá) de farinha de rosca
- Óleo para fritar

MOLHO
- 2 colheres (sopa) de manteiga
- 1 cebola pequena ralada
- 1 dente de alho amassado
- 2 colheres (sobremesa) de mostarda
- 1 colher (chá) de molho de pimenta
- 1/2 xícara (chá) de ketchup
- 4 colheres (sopa) de mel
- Cebolinha picada
- Sal e pimenta-do-reino

MODO DE PREPARO
FRANGO: Tempere o frango com o alho, o suco de limão e sal a gosto e deixe na geladeira por 30 minutos. Retire o frango da geladeira e passe na farinha de trigo, depois no ovo batido e, em seguida, na farinha de rosca. Reserve.
MOLHO: Em uma panela pequena, derreta a manteiga e refogue a cebola e o alho. Junte a mostarda, o molho de pimenta, o ketchup e o mel e aqueça bem. Adicione cebolinha picada e tempere com sal e pimenta. Coloque numa molheira. Frite, aos poucos, os cubos de frango em óleo quente e coloque sobre papel absorvente. Sirva com o molho agridoce.

 dificuldade: FÁCIL

 tempo de preparo:
30 min + 30 min de geladeira

 rendimento: 6 porções

sanduíche alemão

431 calorias por porção

INGREDIENTES
- 1 colher (sopa) de óleo
- 1 cebola picada
- 2 xícaras (chá) de repolho cortado bem fininho
- 1 colher (sopa) de mostarda
- Sal
- 3 salsichas fervidas e picadas
- 1 1/2 xícara (chá) de maionese
- 2 colheres (sopa) de cheiro-verde picado
- 4 pães de hot-dog

MODO DE PREPARO
Em uma panela, aqueça o óleo e frite a cebola. Junte o repolho e refogue até ficar bem macio. Tempere com a mostarda e sal a gosto e reserve. Em um processador, bata a salsicha com a maionese e o cheiro-verde. Corte os pães ao meio sem separar as duas partes e passe uma generosa camada de patê de salsicha. Acrescente por cima o repolho, feche os pães e sirva.

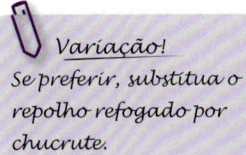

Variação!
Se preferir, substitua o repolho refogado por chucrute.

 dificuldade: FÁCIL

 tempo de preparo: 15 min

 rendimento: 4 porções

sanduichão gelado de atum

274 calorias por porção

INGREDIENTES
- 1 lata de atum ralado
- 1 lata de molho de tomate
- 1 vidro pequeno (250 g) de maionese
- 2 pães de fôrma fatiados
- 2 caixinhas de creme de leite

MODO DE PREPARO
Numa tigela, misture o atum, o molho de tomate e a maionese. Unte uma fôrma refratária, arrume uma camada de pão e besunte com 1/3 do creme de leite. Espalhe por cima metade da mistura de atum. Repita as camadas. Termine com pão e creme de leite. Cubra com papel-alumínio e leve à geladeira até a hora de servir.

 dificuldade: FÁCIL

 tempo de preparo: 20 min

 rendimento: 20 porções

salgadinhos de parmesão

390 calorias por porção

INGREDIENTES
- 1 xícara (chá) de farinha de trigo
- 1 xícara (chá) de queijo parmesão ralado
- 1 pacote (200 g) de manteiga
- 1 colher (chá) de orégano

MODO DE PREPARO
Em uma tigela, misture todos os ingredientes, amassando bem até obter uma massa lisa. Pegue punhados da massa e enrole, formando rolinhos compridos. Corte como nhoques e disponha-os em uma fôrma (não precisa untar). Leve ao forno médio (180°C), preaquecido, e asse até ficarem dourados.

 dificuldade: FÁCIL

 tempo de preparo: 30 min

 rendimento: 6 porções

pãezinhos de torresmo

811 calorias por unidade

INGREDIENTES
- 1 colher (sopa) de banha
- 2 xícaras (chá) de água quente
- 3 1/2 tabletes (50 g) de fermento biológico fresco
- 1 colher (chá) de açúcar
- 1 colher (sobremesa) de sal
- 3 ovos
- 1,250 kg de farinha de trigo (ou mais, se necessário)

- 1/2 kg de torresmo caseiro ou comprado pronto
- 1 ovo batido para pincelar

MODO DE PREPARO

Derreta a banha na água quente e deixe amornar. Em uma tigela, desmanche o fermento junto com o açúcar, adicione a banha com a água já morna, o sal e os ovos. Acrescente a farinha, aos poucos, misturando sempre, até obter uma massa macia e que não grude nas mãos. Cubra e deixe crescer até dobrar de tamanho. Passe a massa para uma superfície enfarinhada e trabalhe-a novamente. Divida-a em 10 porções e abra-as com as mãos. Espalhe os torresmos e enrole-as, cobrindo o recheio e modelando os pães no formato desejado (redondo como rosca, tipo pão francês etc). Coloque-os numa assadeira untada e enfarinhada e deixe crescer até quase dobrar de tamanho. Asse em forno quente (200°C), preaquecido, por cerca de 40 minutos. Pincele os pães com o ovo batido e leve de volta ao forno para dourar.

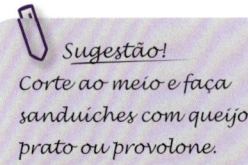

Sugestão!
Corte ao meio e faça sanduíches com queijo prato ou provolone.

 dificuldade: MÉDIA

 tempo de preparo: 1h + tempo de descanso da massa + 40 min de forno

 rendimento: 10 unidades

carolinas recheadas

107 calorias por unidade

INGREDIENTES

CAROLINAS
- 3 colheres (sopa) de manteiga
- 1/2 xícara (chá) de água
- Sal
- 5 colheres (sopa) de farinha de trigo peneirada
- 3 ovos

RECHEIO
- 2 potes (150 g cada) de cream cheese
- Cebolinha e manjericão bem picados
- Folhinhas de manjericão para decorar

MODO DE PREPARO

CAROLINAS: Leve ao fogo uma panela com a manteiga, a água e sal. Assim que levantar fervura, retire do fogo e acrescente a farinha de uma só vez, mexendo rapidamente para não empelotar. Retorne a panela ao fogo baixo e continue mexendo até a massa começar a desgrudar do fundo da panela e formar uma bola. Desligue o fogo e junte os ovos, um de cada vez, mexendo bem, até obter uma massa lisa, que forme pontas bem compridas ao cair da colher. Coloque a massa em um saco de confeitar (ou um saquinho plástico grosso, com a ponta cortada na largura de 1,5 cm) e faça bolinhas médias em uma assadeira untada e enfarinhada, mantendo um espaço entre elas. Leve ao forno quente (200°C), preaquecido, por cerca de 20 minutos ou até dourar. Retire do forno e deixe esfriar.

RECHEIO: Misture o cream cheese com as ervas picadas e coloque no saco de confeitar. Corte as carolinas ao meio e recheie. Sirva a seguir.

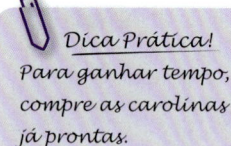

Dica Prática!
Para ganhar tempo, compre as carolinas já prontas.

dificuldade: MÉDIA

tempo de preparo:
45 min + 20 min de forno

rendimento: 15 unidades